Ursel Scheffler · Pieter Kunstreich

Es geschah in Betlehem

Die Weihnachtsgeschichte

HERDER

Freiburg · Wien · Basel

Die Verkündigung

In der kleinen Stadt Nazaret in Galiläa
geschah vor zweitausend Jahren etwas
Ungewöhnliches und Aufregendes:
Ein Engel kam zu einer jungen Frau,
die Maria hieß und verkündete ihr,
dass sie bald ein Kind haben würde.

„Ich soll ein Kind bekommen?", rief
Maria erschrocken. „Von wem denn?
Ich bin zwar dem Josef versprochen.
Aber wir leben noch nicht zusammen."

„Es wird ein ganz besonderes Kind sein",
antwortete der Engel. „Und es wird
Gottes Sohn genannt werden."

Als Maria ihrem Verlobten von dem
seltsamen Ereignis erzählte, wusste der
junge Zimmermann nicht, was er davon
halten sollte. Maria erwartete ein Kind -
und es war nicht von ihm?
Am liebsten wäre er weggelaufen.
Aber dann erschien auch ihm ein Engel
und erzählte ihm von dem göttlichen Kind.
Jetzt nahm Josef Maria in seinem Haus
auf und sie wurden Mann und Frau.

Die Reise nach Betlehem

Damals hatten die Römer das Land erobert und einen König
namens Herodes als Herrscher eingesetzt.
Und weil der römische Kaiser wissen wollte,
wie viele Menschen in seinem großen Reich lebten,
befahl er, sie zu zählen.
Dazu musste jeder in die Stadt, in der er geboren war.
Josef musste mit seiner Frau bis nach Betlehem reisen,
weil er aus dem Hause Davids stammte.

Es war eine lange und beschwerliche Reise. Vor allem für Maria, die schwanger war und bald ihr Kind bekommen sollte. Wie gut, dass sie den kleinen Esel hatten.
Auf dem konnte Maria reiten, wenn sie nicht mehr laufen konnte.
Maria und Josef waren viele Tage unterwegs.
Endlich sahen sie die Häuser von Jerusalem in der Ferne.
Und von Jerusalem nach Betlehem waren es nur noch ein paar Wegstunden.

Die Herbergssuche

Als Maria und Josef am späten Abend in Betlehem ankamen, ging es dort zu wie auf einem Jahrmarkt. Die Menschen drängten sich in den engen Gassen und alle Herbergen waren voll.
Wo sie auch anklopften und nachfragten: es war nirgends mehr Platz.

Schließlich ließ sie ein Mann,
der Mitleid mit ihnen hatte,
im Stall hinter seinem Haus unterkommen.
Da waren sie wenigstens vor Wind und
Wetter geschützt.

Die Hirten auf dem Feld

Gar nicht weit entfernt von Betlehem
waren Hirten auf dem Feld und hüteten
ihre Schafe.
Ein Hirtenjunge hielt Nachtwache,
damit keines der Schafe verloren ging.
Fast wäre auch er eingeschlafen,
aber da stupste ihn sein Hund
mit der feuchten Schnauze.
Er machte ihn darauf aufmerksam,
dass etwas Seltsames geschah:
Der Himmel leuchtete und es erklang
Gesang über ihnen.
Rasch weckte der junge Hirt die anderen.
Die glaubten weiter zu träumen,
als sie den hellen Stern sahen und das Singen
und Klingen in der Luft hörten und die Stimme
eines Engels, der ihnen seine frohe Botschaft
verkündete:
„Fürchtet euch nicht! Seht, ich verkündige euch
große Freude, die allem Volk widerfahren wird.
Denn euch ist heute der Heiland geboren,
welcher ist Christus, der Herr, in der Stadt Davids.
Und das habt zum Zeichen:
Ihr werdet finden das Kind in Windeln gewickelt
und in einer Krippe liegend."
Und dann kamen noch mehr Engel, die lobten Gott
und sangen:
„Ehre sei Gott in der Höhe und Frieden auf Erden
bei den Menschen seines Wohlgefallens."
„Lasst uns hingehen und das Kind anbeten",
sagte der Älteste der Hirten.
„Und vergesst nicht, ein paar Geschenke
mitzunehmen", rief der Hirtenjunge und kramte
eilig die Flöte heraus, die er aus Olivenholz
geschnitzt hatte.

Die Geburt

In der Nacht bekam Maria ihr Kind.
Wie froh waren die beiden,
als es endlich da war!
Es war gesund und schrie,
wie ein ganz normales Baby.

„Gott sei Dank!“, sagte Maria,
die erschöpft an der Wand lehnte
und ihren Sohn an sich drückte.
„Er soll Jesus heißen.“
„Er braucht ein Bett“, sagte Josef.
Und dann richtete er
die alte Futterkrippe her,
die in der Ecke stand.
Er nagelte ein Bein an
und polsterte sie mit Heu aus.
Das war eine Kleinigkeit
für einen geschickten Zimmermann!
Ochs und Esel sahen ihm dabei zu.
Genau wie die Hühner,
die auf den Stangen saßen
und die Schwalben,
die durch den Stall flogen
und die Fliegen jagten.
„Beeil dich, Josef!“ seufztze Maria
und dann fielen ihr vor Müdigkeit
die Augen zu.
Josef war so beschäftigt
mit seiner Arbeit,
dass er das Singen und Klingen
gar nicht hörte,
das draußen vor dem Stall
in der Luft war.

Die Anbetung der Hirten

Die Hirten mussten den Stall mit dem Kind
nicht lange suchen. Der helle Stern,
den sie schon die ganze Zeit beobachtet hatten,
wies ihnen den Weg.

Sie fanden alles so vor,
wie es die Engel gesagt hatten.
Ein Leuchten ging von dem Kind aus,
das ihre Herzen wärmte.
Sie übergaben ihre Geschenke,
fielen auf die Knie und beteten.

Die Weisen bei Herodes

Der helle Stern hatte auch drei weise Männer aus dem Orient nach Jerusalem geführt. Sie gingen zum Palast des Königs Herodes und sagten:
„Wo ist denn der neugeborene König der Juden? Wir haben seinen Stern gesehen im Morgenland und sind gekommen, um ihn anzubeten.“
Als Herodes das hörte, erschrak er sehr. Ein Königskind? In seiner Familie und seinem Palast war jedenfalls keines auf die Welt gekommen.
Er ließ die Hohenpriester, Schriftgelehrten und Sternkundigen des Volkes rufen und forschte, wo sonst dieses Königskind geboren sein könnte.

„In Betlehem in Judäa. So steht es geschrieben bei den Propheten", antworteten die Schriftkundigen.
Herodes lächelte listig. Er wollte schon dafür sorgen, dass seine Söhne einmal das Königreich erbten und nicht irgendein fremdes Kind. Er erkundigte sich genau, wann und wo der Stern erschienen war.
Dann sagte er scheinheilig zu den drei Fremden: „Forscht fleißig nach dem Kind und wenn ihr es findet, dann sagt es mir sofort, damit auch ich hingehen und es anbeten kann."

Die drei Weisen in Betlehem

Der Stern, der vorher die Hirten geführt hatte, leitete auch die drei Weisen aus dem Morgenland zum Stall in Betlehem.
Die Leute in der kleinen Stadt staunten, als die drei in ihren prächtigen Gewändern durch die Straßen ritten.

Sie fanden das Kind in der Krippe und spürten, das sie am Ziel ihrer Reise angekommen waren.
Deshalb fielen sie auf die Knie und beteten, so wie es die Hirten getan hatten.
Dann legten sie ihre kostbaren Geschenke auf den Boden neben die Krippe:
Weihrauch, Myrrhe und Gold.

Als es dunkel wurde, verabschiedeten sich die drei Weisen Männer und sagten „Shalom".
Das heißt „Friede sei mit dir".

Und weil sie im Traum vor Herodes bösen Plänen gewarnt worden waren, kehrten sie auf einem anderen Weg in ihre Heimatländer zurück.

Als Herodes erfuhr, dass ihn
die drei Fremden überlistet hatten,
ließ er den Anführer seiner Wache
kommen und befahl, dass in Betlehem
jedes männliche Kind unter zwei Jahren
umgebracht werden sollte.

Flucht nach Ägypten

Aber Josef war ein Engel im Traum erschienen, der zu ihm sagte: „Nimm Maria und das Kind und fliehe nach Ägypten. Die Soldaten des Herodes wollen es umbringen.“ Noch vor Tagesanbruch machte sich Josef mit seiner Familie auf den Weg.

Wie gut, dass sie den kleinen Esel hatten, denn der Weg war beschwerlich. Unterwegs drohten viele Gefahren. Und das Kind musste immer wieder gefüttert und gewickelt werden. Sie wanderten über die Berge zum Meer. Und dann immer weiter in den Süden, bis sie in Ägypten ankamen. Jetzt waren sie fürs Erste in Sicherheit. Von den Kaufleuten einer Handelskarawane erfuhren sie von dem schrecklichen Blutbad, das Herodes in Betlehem angerichtet hatte.

Aber sie hörten auch, dass Herodes selbst ebenfalls gestorben war. Daher machten sie sich wieder auf den Rückweg in die Heimat. Sie wollten allerdings nicht wieder zurück nach Betlehem. Ihr Reiseziel war Nazaret, die Stadt, in der Maria und Josef aufgewachsen waren und in der ihre Freunde und Verwandten lebten. Dort sollte auch ihr Kind in Frieden groß werden ...

Umschlaggestaltung: Hermann Bausch
unter Verwendung einer Illustration von Pieter Kunstreich

Satz und Gesamtproduktion: Uwe Stohrer, Freiburg
Einband und Druck: Himmer, Augsburg 2001

Gedruckt auf umweltfreundlichem,
chlorfrei gebleichtem Papier

ISBN 3-451-27354-3